PAR [illegible] G. DE DUMAST.

PARIS,

DEBECOURT, LIBRAIRE, RUE DES SAINTS-PÈRES, 69.

NANCY,

GRIMBLOT, RAYBOIS ET Cie, IMPRIMEURS-LIBRAIRES,

PLACE STANISLAS, 7, ET RUE SAINT-DIZIER, [illegible]

JANVIER 18[illegible]

CE QUE

LA FRANCE AVAIT RAISON DE VOULOIR.

Tous les exemplaires sont signés de la main de l'auteur.

NANCY, IMPRIMERIE DE RAYBOIS ET Cie.

CE QUE

LA FRANCE AVAIT RAISON

DE VOULOIR

DANS LA QUESTION D'ORIENT.

LETTRES

AU RÉDACTEUR DE L'*UNIVERS*.

(NOVEMBRE-DÉCEMBRE 1840.)

PAR P. G. DE DUMAST.

Possunt quia posse videntur.
VIRG. Æneid. V, 231.
Velle et perficere.
PAUL. ad Philipp., cap. 2, v. 13.

PARIS;
DEBÉCOURT, LIBRAIRE, RUE DES SAINTS-PÈRES, 69.
NANCY;
GRIMBLOT, RAYBOIS ET Cie, IMPRIMEURS-LIBRAIRES,
PLACE STANISLAS, 7, ET RUE SAINT-DIZIER, 127.

JANVIER 1841.

CE QUE

LA FRANCE AVAIT RAISON

DE VOULOIR

DANS LA QUESTION D'ORIENT.

LETTRES

AU RÉDACTEUR DE L'*UNIVERS*.

NOVEMBRE ET DÉCEMBRE 1840 (*).

MONSIEUR,

Dans la position difficile où nous sommes.., crise sérieuse, bien au-dessus de l'habileté vulgaire des hommes d'État, crise d'où la Providence seule peut tirer sans désavantage le royaume très-chrétien; en ce moment, où une série d'événements inattendus semble avoir conduit à la plus déplorable alternative notre généreuse patrie, placée entre de grands périls intérieurs, si nous acceptons une paix qui soit jugée déshonorante, et de grands périls extérieurs, si nous voulons échapper à l'affront par une

(*) De ces trois lettres, la première seule a paru, les deux dernières ayant été retirées avant l'insertion. Ici, par de légers remaniements, elles se trouvent fondues en une seule.

lutte dont l'énorme inégalité fait frémir : on se demande, et c'est tout simple, à qui la faute d'un pareil état de choses. On cherche à savoir si la France est coupable de son propre danger, et si c'est donc l'adoption d'un système faux, le choix d'une sympathie déraisonnable, qui, dans la question d'Orient, a soudain réuni contre elle toutes les puissances de l'Europe.

Il semblerait vraiment qu'on dût le croire, à entendre les assertions, si remarquables, mais en partie si contestables, du beau discours prononcé devant la chambre des Pairs par un jeune orateur justement célèbre. Déjà deux missives de lui, insérées dans vos numéros du 24 et du 31 octobre, avaient causé parmi vos abonnés une profonde surprise ; à tel point que plusieurs personnes, habituées à trouver en M. de Montalembert aussi bien le plus intelligent que le plus brillant de leurs organes, hésitaient à lui attribuer le morceau du 28 septembre, ne pouvant de sa part s'en expliquer les doctrines. Pour moi, dès avant que vous n'eussiez nommé l'auteur de la lettre de Malte, j'avais reconnu mon illustre ami dans celle de Constantinople, — moins encore à la croix dont elle est signée qu'au talent dont elle est empreinte.

Et bien s'en fallait, en effet, que ces deux articles épistolaires ne renfermassent rien d'exact et fussent à combattre dans leur entier. L'un n'avait pas tort de tonner contre les persécutions du Liban, ni l'autre de montrer combien le Catholicisme a moins à craindre de l'Angleterre que de la Russie.

Comme d'ailleurs il faut qu'en tout procès chaque cause soit plaidée avec force, afin que les diverses faces de la vérité se trouvent nettement connues, il était inévitable que ces arguments-là, comme les arguments contraires, fussent présentés et le fussent bien. Or, où pouvaient-ils mieux se rencontrer que sous la plume d'un éloquent voyageur qui venait presque nécessairement d'apercevoir le côté turco-britannique de la question, ayant dû l'entendre discuter à Malte par des Anglais distingués, à Stamboul par des Ottomans hors de ligne et peut-être par Réchid-pacha lui-même.

Mais nous, qui n'arrivons pas plus de Constantinople que d'Alexandrie, et qui restés à sept ou huit cents lieues des intérêts turcs et des intérêts arabes, avons pu conserver sans efforts cette faculté de juger sainement, qui dans certaines positions est plus un bonheur qu'un mérite; nous, bien placés dans la retraite, comme au sommet d'un observatoire lointain, où les choses viennent apparaître avec leur attitude relative et leur importance proportionnelle; nous autres, dis-je, nous ne saurions admettre que les raisons dont le canon anglo-autrichien plaide la justesse à Beyrouth... valussent ce qu'on leur fait valoir, et l'emportassent par elles-mêmes sur les raisons contraires (*). Essayons de montrer à notre aimable et puissant adversaire la différence décisive qu'il y a des unes aux autres. Pour la rendre claire, frappante, victorieuse,

(*) « Sur les raisons *étrangères* », avaient mis les imprimeurs, lors de l'insertion dans l'*Univers*. Cette faute typographique rendait la phrase impossible à comprendre.

force nous est d'entrer en quelques détails, et de remonter un peu haut.

Les vrais états, on en convient (et le défenseur de la Belgique l'ignore moins que personne) sont des unités vivantes, qui prennent leur grandeur et leur figure par développement organique, — et non des masses inertes, que l'on puisse arbitrairement façonner à la hache. Imposantes sociétés d'êtres intelligents homogènes, les peuples ne sont point des troupeaux humains, rassemblés n'importe comment, divisibles au hasard, et parqués, à la volonté de leurs maîtres, sur les premiers terrains venus. Il y a des nationalités naturelles.

Communauté d'origine, d'institutions, de territoire, de langage, ordinairement de religion, toujours de caractère et d'habitudes, voilà ce qui les constitue. Le meilleur ordre de choses est celui qui en respecte le mieux l'existence.

Sans être absolument indestructibles, les nationalités naturelles ont la vie dure. Bien souvent on les croit mortes, quand elles ne sont qu'endormies. Parfois absorbées dans le sein de quelque empire gigantesque, elles y sommeillent durant des centaines d'années ; puis, cet empire, atteint de langueur ou de maladie, est contraint de les revomir ; et l'on s'aperçoit alors, avec surprise, qu'il ne les avait ni digérées et converties en sa propre substance, ni même simplement tuées, et que le moindre soin bienveillant les tire de leur asphyxie.

Ainsi, la conquête ottomane avait englouti divers peuples, qui semblèrent longtemps étouffés. Personne, au XVIe et au XVIIe siècles, ne pensait qu'ils dussent un jour reparaître à la lumière. — Cependant la monarchie turque perdit peu à peu de sa vigueur exubérante; et à mesure que se manifestèrent des signes plus certains de son affaiblissement, on vit plus clairement remuer chez elle, et tendre à la séparation, chacun des éléments hétérogènes que la violence seule avait pu maintenir réunis.

Le premier qui lui échappa, ce fut l'élément tartare, resté sans mélange en Crimée et en Bessarabie. Mais, trop situés à l'écart de l'Europe, trop sous la main prépondérante d'une puissance de qui la froide activité n'abandonne pas un seul instant ses projets d'empiétement sans fin, les Tartares n'eurent le temps ni les moyens d'organiser leur indépendance nationale. Presque aussitôt asservis que délivrés, ils ne firent que changer de joug, et passer sous la domination de la Russie, leur gigantesque voisine.

Le tour des Grecs vint ensuite. Sur le sol de Lacédémone et d'Athènes,— là où les populations helléniques, décimées mais encore compactes, n'avaient point perdu le sentiment de la patrie, — un royaume grec s'est fondé, sous la protection de l'Europe chrétienne. Son existence a fait cesser des guerres affreuses, dont on ne pouvait assigner le terme; et tout le monde y a gagné, même la Turquie, dispensée par là de prodiguer son sang et son or à la poursuite d'un résultat devenu impossible.

Existe-t-il, ou non, d'autres besoins du même genre? Discutons sensément la chose; et, pour cela, prenons une à une les principales races étrangères qui vivent encore sous la domination réelle ou nominale du sabre d'Abdou'l-Medjid : les Juifs, les Phanariotes, les Arméniens, les Serbes, les Arabes.

Les Juifs ? — Que l'on rêve tant qu'on voudra pour eux une migration générale en Palestine : les hommes positifs savent bien à quoi s'en tenir là-dessus. Il y a loin de quelques pieuses fantaisies, possibles chez des individus, à une résolution collective, impraticable de la part des masses judaïques, surtout avec les sentiments qui prévalent aujourd'hui chez elles. Non, le royaume d'Israël ne se rétablira pas comme on l'entend ; et, sans en alléguer des raisons supérieures, que devinent les chrétiens instruits, il suffit d'observer notre siècle, où, quels que soient leur sang et leur nom, tous les sectateurs du dieu Argent sont essentiellement cosmopolites.

Les Phanariotes? — Nous désignons ainsi, faute d'un mot spécial, les populations grecques dispersées en Turquie, et non pas seulement leur aristocratie, établie au Phanar. — Identiques, quant à l'origine, avec les habitants de la terre classique d'Hellénie, mais, quant aux mœurs, profondément distingués de ces derniers, dont ils étaient loin d'avoir conservé la sauvage indépendance, ils auraient besoin d'un autre nom que de celui de Grecs, afin de ne plus pouvoir être confondus avec les citoyens du royaume que gouverne Othon. La race donc que nous appellerons phanariote, n'a certes point l'esprit de force et de bravoure, qui conduit à l'isolement ; elle a celui du négoce, qui est un esprit de fusion. L'entêtement schismatique qui la caractérise assez généralement (mais que la vérité catholique ébranle, grâce à Dieu), fût-il unanime chez elle, pourrait bien en faire un parti, mais n'en refera jamais une nation. Quoique fauteurs et serviteurs secrets de la prédominance du Czar, les *rayas* grecs demeureront sujets de la maison d'Othman. Relevés au niveau des Musulmans par la charte de Gul-Hané, ils profiteront en paix des droits que cet acte leur confère, et n'iront certes se cantonner à part dans aucune province de l'empire. Lorsqu'ils en viendront à se passionner pour la liberté, ce sera pour celle des orateurs et des journalistes, non point pour celle des héros. On regagne plus vite de l'orgueil que du courage.

Sont-ce les Arméniens qui redemanderaient une patrie? Mais, aussi peu belliqueux que les gens du Phanar, les Arméniens sont encore plus aisés à contenter, ayant la vanité de moins. Paisibles, laborieux, patients, uniquement livrés à la pratique des affaires, ces *chameaux de l'empire* (comme les visirs les appelaient), ces buralistes inoffensifs, qui portent le poids du travail et qui s'y complaisent, ne songent guère à diviser une monarchie dont ils sont les percepteurs, les facteurs, les commis. Et quant à ceux qui, dans le nombre, habitent encore les montagnes paternelles, que gagneraient-ils à soulever un pays pauvre et lointain? N'ayant pas l'humeur turbulente et faisant usage de leur bon sens, ils savent bien que l'Arménie, en se dérobant au pouvoir du Sultan, n'obtiendrait pas une existence séparée; et que, cernée comme elle l'est déjà, dépourvue même des ressources intérieures qui restent aux clans ou tribus du Caucase, — elle tomberait sur-le-champ entre les mains du colosse dont la marche envahit tous les confins de la Mer-Noire.

La même crainte arrête avec raison, et retient sur la pente qui l'entraînait à se détacher de Constantinople, la plus brave des populations chrétiennes jadis englobées dans la Turquie d'Europe, je veux dire les Serbes. Travaillés par tous les genres d'obsession, pourront-ils résister longtemps aux caresses et aux menaces du protectorat moscovite ? on ne sait. Mais tout l'Occident doit être heureux, du moins, qu'à cet égard le succès de la Russie soit encore incomplet ; et nulle autre puissance ne saurait, sans folie, favoriser de la part des Serviens une séparation, contraire non-seulement à l'intérêt général, mais au leur; oui, *au leur*, malgré certains antécédents ou rapports qui ne sont pour eux qu'un danger de plus. C'est justement, en effet, parce que les Serbes, sans être russes, appartiennent au faisceau des peuples slaves (comme y appartenaient les Polonais), que la terrible unité slave, dont Pétersbourg s'est fait le centre, tendrait davantage à les absorber tout à fait ; à ne leur laisser ni leurs coutumes ni leur langue, ni rien de ce qui caractérise une nation.., rien de ce qu'ils gardaient en partie sous les Turcs, même avant le hatti-chérif. Il y aurait donc anachronisme et faute, si, trompés par d'anciens souvenirs de guerre, ils cherchaient encore à se soustraire aux Ottomans. Et il faut bien que cette politique d'union soit évidemment devenue pour eux la bonne, puisqu'elle était celle du plus fidèle représentant de leur nationalité; puisqu'ainsi pensait, avant sa chute, leur habile et généreux gouverneur, Milosch Obrénowitch : prince éclairé, prince excellent, dont les vertus, aussi bien que le nom, rappelaient dignement les héros des âges poétiques de la Servie.

La même attitude convient-elle au peuple arabe? Cet élément de la monarchie turque doit-il, peut-il, continuer à en faire partie ?— Grande et importante question, qu'on ne s'est pas donné la peine de creuser, et qui réclame une étude approfondie.

Sortis depuis douze cents ans de la péninsule qui fut leur berceau, les Arabes ont jadis étendu leur domination, plus ou moins directe, sur une ligne de deux à trois mille lieues.

De cette expansion prodigieuse, que leur est-il demeuré d'effectif? Où les voit-on, maintenant, groupés encore, puissants, reconnaissables ? — Examinons.

D'un côté, si la Perse, l'Indo-Perse et une partie du véritable Indoustan, ont adopté l'islamisme, jamais la langue dans laquelle est écrit le Coran n'y est sortie de l'état de langue savante et ne s'y est emparée des nations. Aussi, des dynasties indépendantes du califat se sont-elles établies de très-bonne heure dans ces contrées orientales, d'où même l'influence, non-seulement politique mais religieuse, des Arabes a fini par être totalement expulsée ; ceux-ci étant *sonnites*, ou musulmans orthodoxes, tandis que les *chihites* ont prévalu dans l'Est, et que leur théorie, fondée par les Alides, restaurée par les Sofis, y est devenue la doctrine régnante.

D'un autre côté, le Magreb, c'est-à-dire l'Afrique et l'Espagne (l'Afrique dans le sens des géographes de l'antiquité, qui n'y comprenaient point l'Egypte); d'un autre côté, dis-je, le Magreb ou l'Occident, fut toujours plutôt un appendice qu'une portion intégrante de l'empire des successeurs de Mahomet. Séparée par les déserts de Barca d'avec le corps de leurs états, cette région ne leur appartint qu'un siècle et demi. L'Espagne, plus de sept cents ans avant de repasser en entier sous des mains chrétiennes, s'était détachée d'eux, sous les auspices du légitimisme ommiade. Pareil isolement systématique avait eu lieu de la part de la zône barbaresque, divisée d'abord entre les dynasties africaines des Edrissites et des Aglabites, livrée plus tard aux combats des Almoravides et des Almohades. Aujourd'hui surtout, la longue bande de terre qui s'étend de Tripoli et Tunis à Fez et Maroc, et dans laquelle la France a fondé ses établissements d'Alger, diffère grandement des contrées d'où sont venus ses anciens conquérants. Omission faite des races indigènes, bérébères ou cabaïles, lesquelles ont conservé leur idiôme, la population mauresque même a non-seulement altéré la pureté du langage coranique, mais dénaturé jusqu'à la forme et jusqu'aux points distinctifs de plusieurs lettres de l'alphabet (1). Il y a pour toute la Mograbie un véritable dialecte ; et ce signe suffirait seul à l'observateur pour l'empêcher de ranger les Maures parmi les Arabes proprement dits.

Jetez les yeux, au contraire, sur l'Égypte et la Syrie, et vous apercevez le phénomène opposé. Noyau du vieux empire des *commandeurs des croyants*, ces deux provinces, avec la presqu'île de la Mecque et de Médine, placée à leur jonction, forment ensemble une masse compacte homogène, à laquelle il ne faudrait ajouter que le Diarbékir et l'Irâk pour recomposer le domaine entier des vrais Arabes. Là, quoi que l'on puisse dire, et malgré quelques exceptions insignifiantes, l'élément ismaëlite a tout dominé, tout absorbé ; nulle autre nationalité n'y subsiste, et celle-là y est aussi visible que vivace.

Regardez, par exemple, l'Égypte, où l'importance des débris des Coptes est réduite depuis longtemps à rien ; où la conquête d'Omar avait été si pleine, si parfaite, que trois siècles et demi s'écoulèrent sans la moindre scission d'avec l'autorité centrale, et que, même après les Fatimites, Saladin n'y eut encore qu'un mot à dire pour ramener aussitôt le peuple, en masse et sans exception, à l'unité de prière avec Bagdad. Regardez, dis-je, et voyez si le Nil, jusqu'aux rochers d'Éléphantine, n'est pas tout bonnement un fleuve arabe, dans la force entière du terme.

Regardez la Syrie, où les populations, fût-ce de la montagne, ne parlent qu'arabe; où presque rien n'a survécu d'antérieur au règne des califes de Damas; — et dites s'il est possible d'apercevoir autre chose qu'une *portion de l'Arabie* dans ce pays, qui n'a plus même de nom à lui, et qui, pour le pèlerin prosterné la face vers l'Orient au seuil de la Caaba, est devenu simplement *schâm* ou la gauche, comme les régions d'Aden et de Moka sont pour lui *yémen* ou la droite.

Syrie, Égypte : deux MOTS et rien de plus; deux mots vides, qui n'offriraient maintenant aucun sens si nos études classiques ne nous y en faisaient attacher un. Pour qui ne voit pas le présent à travers le prisme du passé, pour qui ne sait l'histoire ni des Antiochus, ni des Pharaons ou des Ptolémées, — il n'y a là qu'une seule et même chose. Un seul et même pays s'étend des Oasis à Bassora, des Cataractes au Taurus; et ce pays, c'est l'ARABIE. — Lui en refuser le nom, comme on le fait; s'obstiner à ne vouloir le donner qu'à la Péninsule Arabique, c'est agir à la façon d'un géographe qui soutiendrait que les Gaules ne sont pas la France, et qu'il ne faut appeler France que les régions allemandes de Thuringe ou de Franconie, notre séjour originaire.

On trouverait la chose inepte, insensée ; et cependant l'Europe entière commet la même absurdité, en disputant le nom d'Arabie à des contrées parfaitement fondues, que le peuple arabe s'est assimilées par douze siècles d'habitation permanente, à partir de l'époque de Dagobert et de Clovis II.

Or voilà, Monsieur, la nation qui, longtemps asservie et comme étouffée par des milices étrangères (mongoles, janissaires ou mamelouques), mais galvanisée à l'époque de notre grande expédition d'Égypte, donne depuis lors des signes de renaissance, et tend à se reconstituer en puissance indépendante. Réveillée par la chute des Turcs aux combats d'Aboukir et d'Héliopolis, et par le commencement de celle des Mamelouks à la bataille des Pyramides, elle interrogeait ses forces, elle cherchait vaguement un homme en qui elle pût se personnifier : elle le trouva dans Méhémet-Ali.

Inutile de discuter les moyens dont s'est servi cet habile et terrible chef, pour la délivrer et grandir avec elle ; nous ne sommes point ici apologistes, mais historiens. Il avait débuté comme mille autres brigands heureux : dès qu'il fut libre, il poursuivit son œuvre en souverain éclairé ; et ce qu'il conserva de tyrannique dans son pouvoir, fut mis du moins au service des vues les plus élevées et les plus larges. Pour la première fois depuis des siècles, intelligence, savoir, activité, furent encouragés en Orient; de gigantesques travaux furent entrepris ; des monuments d'art, protégés et sauvés ; des écoles remarquables, fondées. L'Islamisme osa chercher la lumière, il l'envoya demander à Paris. — Or cet élan prodigieux a précédé les réformes turques, il est parti d'Alexandrie; il fera la gloire immortelle du Pierre-le-Grand des Arabes. — Qu'après cela, comme Pierre-le-Grand, Méhémet-Ali ait usé et abusé du despotisme.., Dieu est là pour tout peser, pour tout punir. Mais, au point de vue terrestre, on ne saurait contester à ce rénovateur d'Ismaël la compréhension, l'énergie, le noble calme, la générosité même; le *génie* surtout, la faculté de création, cet infaillible caractère des grands hommes (2).

Un grand homme et des fils à ses côtés, ainsi commencent les dynasties. Il en fallait une aux Arabes, qui n'avaient plus de vieux sang califal; et le sort la leur fournissait dans la famille de leur vengeur. Que l'Europe, détrompée se laissant guider par un court éclair de sagesse, eût reconnu, accepté cette famille : à l'instant même, le repos du monde était assuré sans efforts; car la paix n'est si mal assise que parce qu'on s'entête à la fonder sur le faux.

Il n'en est pas, en effet, des Arabes comme des autres races conquises dont nous avons discuté les chances de séparation. Pour eux toutes les raisons militent, toutes les possibilités se rencontrent; pour eux, les inconvénients et les périls que nous signalions, n'existent point.

Dès que, suffisamment isolée par la nature, au physique et au moral, une nation de cinq millions d'hommes, liés par les mœurs, par les souvenirs, par la langue, et occupant des territoires homogènes et contigus, s'est réveillée, s'est comptée, a pris une organisation, un prince et un drapeau, — on a beau faire, elle ne saurait plus être condamnée au néant politique. Si elle possède en elle de quoi vivre de sa propre vie; si elle n'est point menacée de ne faire que changer de maîtres; si surtout elle a pris, dans l'ordre intellectuel, une initiative qui la rend pour le moins égale au peuple dont elle se sépare.., tout est dit; elle a droit à l'indépendance. En se mettant lâchement dix contre un, on parviendra à la tuer peut-être, mais on ne la ramènera jamais à la tranquillité de l'esclavage; et s'obstiner à baser des arrangements diplomatiques sur une telle hypothèse, c'est vouloir qu'ils ne durent pas.

Avant l'absurde traité du 15 juillet, rien n'était plus aisé à régler vis-à-vis des Turcs, par une bonne paix, que la position des Arabes et de leur *sultan;* — car tel était, par parenthèse, le titre virtuel et vrai de Méhémet-Ali, alors souverain effectif du royaume des Nouredin et des Saladin. Il y avait niaiserie (de la part de la France surtout) à l'appeler encore pacha d'Égypte; comme si ce prince n'eût été qu'un pacha, c'est-à-dire un fonctionnaire ottoman, et comme s'il n'eût gouverné que l'Égypte, c'est-à-dire le tiers de ses états. Certes, — quoique privé encore de l'Irâk et du Diarbékir, complément naturel de son assiette, — le vainqueur du fléau wahabite, l'initiateur de l'Orient, le triomphateur de Nézib, le glorieux possesseur de la Syrie, de l'Égypte et du berceau de Mahomet.., était bien évidemment le sultan des Arabes. Ne pas le nommer ainsi, c'était admettre en principe une idée fausse, laisser nier l'empire des faits accomplis durant trente années, et placer d'avance la question sur un terrain où l'on ne pouvait qu'être battu.

Rien d'étrange comme tous les *hélas* qu'on a poussés, sur les demandes, prétendues folles, de Méhémet-Ali, au sujet de la détermination de ses frontières. — Réclamait-il, ou non, quelque chose au versant septentrional du Taurus? — Non. Eh bien, alors, le reproche d'ambition, qu'on lui adresse, est ridicule; car un ambitieux veut forcer, tourmenter, précipiter les événements, et Méhémet ne faisait que les suivre. Est-ce que la nature des choses n'est donc rien.., que l'on puisse à tel point s'en jouer, aux applaudissements de milliers de gens inattentifs, et réserver les injures pour ceux qui savent la reconnaître! Proposer, comme on le faisait, de prendre pour limites de l'Arabie celles du pachalik de Saint-Jean-d'Acre, c'était un arrangement aussi judicieux, aussi beau, aussi bien conçu, que le traité qui fixerait à Rheims, à Châlons et à Troies, les frontières de la France.

— Mais, dit-on, si le *rebelle* eût obtenu ce qu'il demandait, rien ne l'empêchait d'aller plus loin. — Erreur profonde! Tout l'en empêchait, au contraire, et son bon sens plus encore que le reste. — Il avait bien pu, pour livrer bataille, et jusqu'à la signature de la paix, s'étendre au delà du pays que lui accordaient les convenances manifestes, mais cette occupation n'avait rien que de militaire et de momentané. Sa domination n'aurait pas eu plus de racines en Asie mineure que celle du fils de Mahmoud n'en possède en Syrie. Une autorité arabe ne sied pas mieux dans la sphère d'attraction de Constantinople, qu'une autorité turque dans le rayon de Damas ou du Caire.

Pourquoi se boucher les yeux de peur de voir? Qu'estce donc qu'il en coûte d'avouer que la chaîne du Taurus est la ligne de séparation naturelle des deux systèmes!

D'un côté, la race blanche, grande ou du moins moyenne, venue du Nord; de l'autre, la race bise et petite, venue du Midi.

D'un côté, la langue turque, qui appartient au faisceau tartare; de l'autre, la langue arabe, qui fait partie du groupe sémitique.

D'un côté, les terres fortes, labourables à notre façon; de l'autre, les terrains sablonneux.

D'un côté, le pays où l'on peut voyager isolément et sur des chars, comme en Europe; où l'on s'abreuve à des ruisseaux, où l'on s'abrite sous des chênes. De l'autre, le pays où l'on voyage en caravane et sur des chameaux; où l'on se désaltère à des puits, où l'on se repose sous des palmiers.

D'un côté enfin, la Turquie; de l'autre, ce que j'appelle l'Arabie.

Dans ce classement, clair et tranché, si le Liban porte avec lui quelques exceptions, elles ne vont, en aucun genre, aussi loin qu'on le suppose. Ses populations spéciales, par exemple, — les Druses, les Metwalis, les Maronites même, — sont des Arabes tout comme d'autres. Fatigués, il est vrai, par les exactions de l'émir Béchir (dont ils ont, bien à tort, cru complice Ibrahim, qui n'en pouvait mais); trompés, d'ailleurs, par l'infâme ruse de l'Angleterre, qui leur avait envoyé, pour les soulever, le vicomte Onfroy, les prenant ainsi au piége de leur antique amour pour la France, — les Maronites ont eu le tort de s'insurger; et la dure répression de leur révolte leur a fait détester plus encore l'armée du Vice-Roi. Mais pourtant il n'y a eu là qu'un triste conflit accidentel, résultat d'un mal-entendu. Au fond, ces catholiques libanais n'ont rien en eux de la sève ottomane : leur rituel est arabe; c'est en arabe qu'ils parlent, qu'ils pensent et qu'ils prient; c'est en arabe que les missionnaires du St.-Siége leur apportaient la parole du salut. Trois ou quatre années suffiront pour leur faire amèrement regretter d'avoir contribué à renverser en Syrie ce qui leur convenait le mieux : une puissance arabe à tendances françaises,—avec laquelle ils auraient eu de bien autres rapports, soit de race, soit de sympathie, qu'avec des Turcs et des Anglais.

Revenons aux deux principes armés qui se trouvaient en présence. Qu'y avait-il à faire pour terminer leur lutte, et pour établir en Orient une réconciliation aussi prompte que durable?

Presque rien. Suivre la nature, au lieu de la contrarier; voir les nécessités réelles; donner aux faits la sanction du droit, les compléter même au besoin; renoncer au maintien d'une vassalité jadis illusoire, désormais impossible; reconnaître la nation arabe, dans la personne de son chef, et fixer entre les deux états la limite du Taurus. — Du reste, faire acquitter au peuple émancipateur, par le peuple affranchi, comme rachat des lambeaux du droit de conquête et comme dernier hommage au passé, une trentaine de millions, payables je suppose en dix annuités, de manière que la libération finale des Ismaëlites eût lieu à la moitié du siècle. Réserver en outre aux monarques de Stamboul, en leur qualité d'héritiers de l'ombre du califat, non point une suzeraineté politique, mais une prérogative purement religieuse : la mention nominale dans la prière du vendredi, et la garde honorifique des villes de la Mecque et Médine; sorte de préséance que l'on eût fait sentir tout de suite par la différence des titres de souveraineté, en ne plaçant, en regard d'un *padicha* ou empereur des Turcs, qu'un *sultan* ou roi des Arabes (3). — A cela près, et dans la sphère temporelle, égaliser les deux pouvoirs rivaux. Consacrer enfin, diplomatiquement, l'existence des trois nations musulmanes naturelles : les Turcs, les Arabes et les Persans (4).

De cette mesure grande et simple, résultait, à l'instant même, non-seulement la paix écrite et matérielle, mais un équilibre admirable, mais un ordre heureux et nouveau, mais une singulière exubérance de facilités et d'accords; mais un moment rare, précieux, de bienveillance universelle : effet produit par la satisfaction soudaine et simultanée de tous les intérêts légitimes.

D'abord, pour le royaume créé, avantages si prompts, si frappants, si nombreux, qu'il y aurait, à les décrire, bien du temps et du soin perdus. Une fois son pouvoir reconnu et son avenir mis hors de doute, Méhémet n'avait plus besoin de tendre au dernier degré les ressorts de ses provinces. Dès lors cessaient, à la suite de leur cause, et ces levées excessives d'hommes et d'argent, et ce monopole général du commerce, qu'on lui a tant reprochés : mesures outrées et passagères, dont la prolongation devenait impossible aussitôt qu'elles n'étaient plus liées pour la nation nouvelle à une question d'existence. Quant aux garanties civiques, elles ne pouvaient tarder à venir, grâce aux idées que développe la paix ; grâce d'ailleurs à la passion de *progrès* qui possède depuis vingt ans Alexandrie et Constantinople ; avec la vive émulation, surtout, qui pousse ces deux villes à mériter les applaudissements de l'Europe, et à ne jamais rester en arrière l'une de l'autre. — Payés alors de leurs travaux et de leurs nobles espérances ; forts, unis, régénérés ; assis sur la Méditerranée et la mer Rouge, et peut-être sur le golfe Persique ; joignant à une telle position l'incroyable bonheur de ne voir limitrophe d'aucune des cinq puissances européennes leur vaste territoire, — car ils n'eussent touché l'Angleterre, l'Autriche, la France, la Prusse, ni la Russie (*), — les Arabes reprenaient tout à coup, à cela près qu'ils ne menaçaient plus personne, leur attitude d'il y a mille ans. Ils se trouvaient, en un moment, reportés aux siècles qui suivirent Mahomet.., avec la civilisation de plus et le fanatisme de moins.

Pour la Turquie, perte apparente, mais bénéfice véritable. Est-ce que Djezzar-pacha en Syrie, est-ce que les Mameloucks en Egypte, prenaient grand souci de ses volontés ? Ces deux provinces, l'une depuis cinquante ans, l'autre depuis deux cents et plus, avaient cessé d'obéir à la Porte, et le Grand-Turc, en les cédant, n'aurait rien sacrifié d'effectif. Loin de là ; par l'amputation de deux membres à demi détachés, devenus une cause perpétuelle d'épuisement, il eût ranimé le corps de son empire. N'ayant plus à consumer, en vaines tentatives de compression d'un mouvement invincible, des armées et des finances déjà trop faibles, il aurait pu reporter ses ressources vers des résultats plus utiles : relever et garder ses forteresses;

(*) Ceci était vrai avant l'arrivée des Anglais à Bab-el-Mandeb et leur usurpation du port d'Aden.

bâtir ses arsenaux, ses casernes et ses écoles; construire des ponts, percer des routes, resemer des forêts; travailler à son aise, enfin, à cette résurrection si hardiment commencée par son père.

Quoi donc! après la cession, même entière, des contrées arabes, — y comprît-on Mossoul et Bagdad, — le territoire ottoman ne formait-il pas encore un vaste et magnifique empire! Resté deux fois plus étendu que la France, et comprenant, outre ses états d'Europe, toute cette Asie mineure qui suffisait à Mithridate pour contrebalancer les Romains à l'époque de leur plus grande vigueur, il n'aurait eu besoin que de se replier sur lui-même et de s'appliquer sa propre activité; car il ne manque que de travail, de culture et d'habitants. Or c'est la paix qui l'aurait repeuplé : une bonne paix naturelle, conclue de musulmans à musulmans, par la médiation de la seule puissance désintéressée, — et non pas une sanglante et coûteuse reprise de possession, triomphe passager, chimérique, acheté par la triste tutelle de quatre protecteurs cupides. — Pouvant féconder alors tous les germes contenus dans son fameux hattichérif, Abdou'l-Medjid aurait retrouvé plus qu'il ne perdait. Si l'Espagne, jadis enrichie des trésors du Mexique et du Pérou, ne voit point de honte à s'avouer qu'elle ne peut plus garder les Amériques, pourquoi la Turquie se serait-elle crue déshonorée de reconnaître venu pour elle le moment d'abandonner les Arabies! Des hommes de la taille de Réchid-pacha devaient être gens à comprendre l'utilité d'un tel conseil; et la France, en le donnant, loin d'offenser la sublime Porte, remplissait envers elle le bon office d'une antique et fidèle alliée.

D'autant mieux que les avantages obtenus ainsi, ne se

fussent pas bornés, pour l'empire ottoman, à la renaissance de ses forces propres : celles du pays affranchi lui fussent venues en aide, et d'une manière bien plus efficace qu'auparavant. Une fois, en effet, les exigences de la diversité de race et de la différence de langue pleinement satisfaites par un grand acte de séparation nationale, la conformité de croyances reprenait son ascendant et rétablissait la sympathie. Musulmans orthodoxes l'un et l'autre, les deux peuples auraient aimé à se prêter assistance mutuelle; et non-seulement Alexandrie eût restitué sur-le-champ la flotte constantinopolitaine, mais elle l'eût, au besoin, fréquemment secondée de la sienne. Troupes, vaisseaux, ingénieurs, il n'y a rien que les Arabes, devenus libres, n'eussent prêté volontiers aux Turcs, pour la défense des avant-postes communs. Aussitôt mise en possession de l'indépendance cherchée, la nation nouvelle n'avait plus d'intérêt particulier qui s'opposât à l'intérêt général. Désormais son avantage et son devoir lui dictaient la même conduite : celle de résister avec constance à la marche du géant dont le souffle glacial, de plus en plus menaçant, fait déjà frissonner tout l'Islamisme.

L'Angleterre, la Prusse et l'Autriche, pour peu qu'elles eussent écouté la raison, devaient se trouver charmées d'un tel arrangement, puisqu'il était d'une part le plus rassurant possible, et de l'autre, le plus solide et le plus durable; puisque d'ailleurs, basé sur des faits déjà presque entièrement réalisés, il offrait, parmi les combinaisons sérieuses et praticables, la moins éloignée du *statu quo*.

Quant à la Russie, quoique privée par là des prétextes qu'elle aime pour exercer son dangereux protectorat, elle n'avait rien à dire. Au milieu du consentement de tous, elle ne se trouvait armée d'aucun sujet de plainte à faire valoir. Elle pouvait même, en un sens, se consoler malignement, en regardant comme indemnité de la carrière de patronage qu'on lui fermait, l'avortement des grands projets de sa rivale, déçue ainsi de l'espérance d'apporter sur la Méditerranée la frontière de ses états de l'Inde.

Il n'y a pas jusqu'à la Perse qui n'eût gagné, au système dont nous parlons. Elle y eût acquis la disponibilité de ses forces; la liberté d'employer au dehors, contre les puissances qui la tiraillent, des ressources constamment usées depuis des siècles à une guerre civile entre *moslems*, entre disciples du Prophète. — Le trône persan, qui soutient la théorie légitimiste des Alides ou du califat idéal, s'est usé dans une lutte perpétuelle avec le trône ottoman, représentation des débris du califat positif. Or, l'antagonisme des chihites et des sonnites allait être grandement adouci par le dédoublement politique de ces derniers. Une table, qui, sur deux pieds, est toujours mal en équilibre, prend aisément son repos sur trois.

Reste la France. — Plus accoutumée à soutenir des guerres de principes que des guerres d'intérêt, cette généreuse tutrice de la civilisation, quand elle n'eût dû retirer aucun profit d'avoir investi ses clients de deux cents lieues de côtes sur la mer qui baigne Marseille et Toulon, aurait encore trouvé sa récompense dans la victoire du juste et du bien, et dans la nouvelle garantie donnée à tous les faibles contre tous les forts. Notre hémisphère, qui ne renferme plus, pour amortir les chocs diplomatiques, assez de puissances diverses, et qui gémit, mais trop tard, d'en avoir tant laisser réduire le nombre, lui eût été redevable de la renaissance d'une Arabie, en attendant celle d'une Pologne. Libératrice de l'ancien monde comme elle le fut du nouveau, la nation française, en faisant pour Méhémet-Ali ce qu'elle fit pour Washington, aurait rendu à des millions d'hommes le plus noble des biens terrestres, une patrie; et sans avoir spéculé sur leur affection, elle l'aurait à coup sûr obtenue.

Selon le jeune et célèbre Pair que je combats à regret, l'intérêt catholique en eût souffert. — Eh pourquoi donc? où sont les bases d'une telle opinion? On ne saurait en reconnaître un motif valable dans quelques duretés militaires, passagèrement exercées pour cause politique et non religieuse, comme moyen de punir la défection de certaines tribus *arabes*, insurgées en faveur des Turcs. Il faut juger sur l'ensemble des principes, et non d'après les exceptions. Or Méhémet, en attendant qu'il régularisât chez lui, sitôt la paix conclue, la liberté des cultes, n'avait jamais persécuté les chrétiens au sujet de leur croyance. Loin de là : il leur faisait rendre justice; il les protégeait avec une fermeté loyale dont nos propres journaux auraient bien dû suivre l'exemple. Et lors même que l'été dernier, assailli, circonvenu par les doucereuses intrigues de quatre consulats juifs, que soufflait tout bas la Sainte-Alliance, et qui avaient organisé en Syrie, contre l'autorité française, un complot de sensiblerie dont les badauds de Paris ont été dupes (5); lors même, dis-je, que, pour se prêter à des circonstances difficiles et aux plaintes d'une opinion faussée, il a bien voulu ne donner aucune suite aux informations de Damas et laisser l'impunité aux assassins : du moins il n'a pas, comme d'autres plus récemment, calculé ses termes de manière à nous nuire, ni fait contre nous, de sa tolérance, métier et marchandise.

Mais, dans le cas de réussite, est-ce là que se fût borné, pour notre sainte religion, la bienveillance de nos protégés? — Quoi! lorsque l'Amérique du nord, n'oubliant pas nos bienfaits au bout d'un demi-siècle, voulut en marquer avec tant d'éclat sa gratitude, par l'accueil offert aux Français dans la personne de La Fayette, déclaré *l'hôte* des États-Unis, — devions-nous moins attendre de l'avenir en Orient, après avoir fait asseoir la famille arabe au rang des nations.., nous, devenus ainsi les *hôtes* du peuple qui a le mieux conservé, sur la terre, le sens de ce noble mot et les antiques obligations qu'il renferme! — Oh! certes non; et, précisément située au fond du golfe de Syrie, à peu de lieues du centre des rivages du nouveau royaume, Jérusalem allait se trouver le principal théâtre de cette hospitalité grandiose. Là, par un élan filial, toute une race émancipée attendait les chrétiens, pour leur faire avec courtoisie les honneurs de leur ville sacrée. Là, près du tombeau du Sauveur, grâce à la chaude amitié des Arabes, les représentants de la France, de la *fille aînée de l'Eglise*, se fussent agenouillés au premier rang, avant le Schisme et l'Hérésie. — Et l'acquisition d'un trophée suprême, qui, déposé au chœur de Notre-Dame de Paris, eût à lui seul valu tous les drapeaux appendus aux voûtes des Invalides, pouvait venir dignement couronner, au XIXe siècle, le rôle majestueux de ces Francs, toujours initiateurs et libérateurs, jadis le frein des Visigoths, des Lombards et des Saxons, les vengeurs de Rome, les auteurs et les chefs des croisades;

égarés quelquefois dans le choix de leurs moyens d'éclairer et d'affranchir le monde, mais revenant à des idées plus saines, mais pleins de foi dans l'honneur et la raison, mais les premiers et les derniers champions de la vérité catholique. Certes, il n'y a pas de souverain des Arabies qui désormais eût pu nous refuser ce qu'autrefois, par des motifs bien moins puissants, Haroun-al-Rachid offrit de lui-même à Charlemagne. Aussi, tel aurait été le don, simple, touchant et magnifique, dont la nation ismaëlite se fût complue à nous récompenser. Ne pouvant s'acquitter à prix d'or de l'inestimable gain de l'indépendance, elle nous en eût royalement payés par l'envoi des clefs du Saint-Sépulcre.

Ainsi, dans l'initiative, que nous eussions prise, de la formation d'un vaste royaume arabe, il y avait à la fois justice, prudence et grandeur; sécurité d'abord, honneur ensuite; profit pour tous et gloire pour nous. Voilà, Monsieur, j'en demande pardon à mon éloquent ami, voilà CE QUE LA FRANCE AVAIT RAISON DE VOULOIR.

De vouloir... Mais n'est-ce pas un rêve de la part de celui qui tient la plume? Mais la France a-t-elle en effet *voulu* les admirables résultats dont mes réflexions lui prêtent le désir?

Oui et non tout à la fois, et delà est venu son malheur. *Oui*, car tel était son instinct : on s'en aperçoit à la nature de ses vœux, à la tendance de ses actes, à l'extrême sympathie dont elle donnait aux Arabes, sous le faux nom d'Égyptiens, mille preuves à ses dépens. *Non*;

car cet instinct, judicieux mais obscur, qui fût devenu si puissant dès qu'elle s'en serait rendu compte, est demeuré confus et vague. Elle n'en a point senti la portée, la force, les conséquences nécessaires; elle n'a pas vu qu'il fallait de deux choses l'une : y résister dès l'origine et l'étouffer sans analyse, — ou se le définir nettement, au contraire, et prendre les moyens de le faire triompher. — Sous l'influence et sous l'attrait d'une idée juste mais non saisie, qui, tout-à-fait cachée derrière des systèmes incomplets, en colorait seulement de ses lueurs la demi-transparence, notre patrie, timorée, mal instruite, doutant de ses droits et de ses devoirs dans la question, et tâtonnant, faute d'y voir clair, — s'est avancée quelque peu sur la route de la vérité.., assez pour se compromettre et point assez pour réussir.

Il ne s'agit ici de récriminer contre personne, d'accuser ni les cabinets ni le Pouvoir irresponsable. Que ceux à qui la lumière et l'énergie ont plus ou moins manqué, prennent eux-mêmes dans le tort commun la part qui leur revient : nous tenons peu à la leur faire; et si le sujet amène sous notre plume des remarques inévitables, on verra bien à notre style, à l'absence d'acrimonie de notre sévérité même, que la politique ne saurait arracher les chrétiens à ces habitudes d'équité, d'indulgence, de bienveillance, qui sont comme leur atmosphère. De la région de calme où Dieu les place, il leur serait difficile de descendre aux passions du journalisme et de la tribune. — Mais enfin, tous les ministères quelconques, depuis l'origine de l'affaire, ont, à la différence près du degré, commis la même erreur : celle d'y avoir mal dessiné le rôle de la France; celle de s'être tenus au-dessous et des demandes que les besoins de l'Orient leur conseillaient de formuler, et des actes devenus indispensables pour appuyer nos propositions.

Mainte feuille assure, pourtant, qu'au lieu de réclamer trop peu, ils ont voulu trop obtenir. — En un sens, on a raison; car il ne s'agit que de s'entendre, et tout dépend du point de vue. Trop, en effet, pour un pacha : puisque Méhémet, à titre de fonctionnaire, jouissait déjà d'une puissance excessive et n'était qu'un rebelle à comprimer; — mais trop peu pour le chef d'une grande et véritable nation; pour l'homme à qui des milliers de convenances réunies décernaient la couronne, et dont l'attitude, une fois souveraine, eût tout arrangé sur-le-champ, bien loin de tout mettre en désordre. Si vouloir dépasser le but est folie, vouloir l'atteindre n'est que prudence; et, comme on périt fréquemment pour avoir risqué l'impossible, on succombe tout aussi souvent pour n'avoir pas tenté le nécessaire. Les demi-mesures sont mortelles.

Certain général républicain, qui préparait un coup d'état, ayant sollicité d'un banquier le prêt de deux cent mille écus : Non, lui dit l'homme de finance, lequel était calculateur sensé; non, n'espérez pas de moi cette somme; je vous la refuse tout net. Mais, si vous voulez trois millions, c'est différent, je vous les prêterai. — Eh pourquoi donc? s'écria l'emprunteur étonné.— Parce que dans le premier cas vous échouerez, et que mon argent sera perdu.., au lieu que dans le second vous réussirez, et qu'alors vous serez en position de me le rendre. — Leçon très-sage, qu'auraient dû méditer nos hommes-d'Etat ; car il faut ou laisser aux événements leur cours et ne rien hasarder du tout, ou bien aller jusqu'aux entreprises qui ont des chances sérieuses de succès. Tout gît dans la justesse du coup-d'œil, qui discerne les circonstances. Il peut arriver que le *plus* n'offre pas autant de difficultés que le *moins*, et ce cas-ci en un exemple frappant. Notre diplomatie s'est fatiguée vainement au soutien d'une combinaison mesquine et fausse, en essayant de faire d'un pacha un vice-roi : il nous était bien autrement aisé d'en faire un roi.

Deux choses nous ont perdus : l'incompréhension et l'irrésolution. Les deux, au reste, n'en font qu'une, la seconde ayant nécessairement dû suivre la première.

Incompréhension affligeante, dont le malheur n'a épargné aucun de nos hommes politiques (6), — à la grande surprise des humbles et chétifs observateurs, cent fois tentés de rompre le silence, mais toujours persuadés, jusqu'au dernier moment, que de plus habiles allaient le faire à leur place. Incompréhension qui, pareille à l'ombre d'un nuage tombée en plein sur la tête de la France, tandis que la queue n'était pas entièrement privée des rayons du jour.., a jeté dans le langage de nos ministres et de nos ambassadeurs quelque chose de louche et d'indéterminé. *Ce que l'on conçoit bien s'énonce clairement*, disent Boileau et la raison : oh oui, ce qu'on exprime en termes si vagues, n'est pas plus nettement conçu qu'articulé. Pour amener les gens à changer de conviction, il faut d'abord en avoir une, une très-vive et très-précise ; or tous les documents officiels, joints à tous les faits mis à nu par la discussion actuelle des Chambres, montrent à l'envi combien il nous était impossible de convertir et d'entraîner l'Europe, ne possédant pas nous-mêmes conscience lucide du but auquel nous aspirions.

Irrésolution déplorable, suite de notre aveuglement; car ce n'est pas le courage de cœur qui nous a fait défaut, c'est le courage d'esprit.., et, tout braves que nous étions, nous avons *gémi* comme Ajax, qui ne savait pas se battre dans les ténèbres. Pour sauver les Grecs, il y a treize ans, nous n'eûmes besoin que d'engager le feu : pour sauver les Arabes, tout à l'heure, nous n'aurions eu besoin que de placer nos artilleurs aux sabords.

Quelle différence de position! va-t-on nous dire. En Morée vous aviez avec vous les Russes et les Anglais. — Eh bien, laissons 1827 et Navarin, parlons de 1830 et d'Alger." Devant Alger nous étions seuls, avec le funeste augure de deux expéditions manquées avant la nôtre; et nous avions en perspective, outre les coups de vent du nord, la malveillance britannique; car Albion, jalouse, désapprouvait et menaçait. Cependant, au signal d'attaque parti des Tuileries, l'inaccessible nid des forbans fut pris.., et l'Angleterre ne bougea pas. Un bon acte de fermeté, de la part de la France, avait débarrassé la Méditerranée du fléau de la piraterie, auquel on se résignait depuis trois cents ans comme à un mal incurable. "

" La même chose fût arrivée pour la Syrie; on nous *tâtait*, et voilà tout. On est devenu pressant quand on nous a vus réfléchir; exigeant, quand on nous a vus tergiverser; insolent, quand notre hésitation prolongée a fait croire que nous avions peur. "

Les desseins ultérieurs de Dieu pourront seuls expliquer nos incertitudes, nos angoisses de 1840; car, toutes graves qu'étaient les circonstances, il n'y avait rien de perdu, pourvu que d'une part on conservât de la tête, et que de l'autre, on eût d'avance un parti pris.

> Contre tant d'ennemis que nous restait-il? — Nous,
> Nous, dis-je, et c'est assez.

A la France il restait LA FRANCE; et, pour tenir et justifier le langage de Médée, notre patrie n'avait besoin que de mesurer d'un coup d'œil d'aigle sa position et ses ressources.

Les Russes n'étaient point en Asie-mineure ; et, avant qu'un de leurs corps d'armée pût en arriver à franchir le Taurus, la jalousie de l'Angleterre avait le temps de se réveiller contre eux, et de commencer à repousser leur concours dans une opération qu'elle se réservait pour elle-même. L'unique danger sérieux de Méhémet se présentait du côté des rivages. — Là devait être porté, simplement et sur-le-champ, le boulevard de sa défense; et ce soin regardait notre marine.

On s'est doublement préoccupé, des émeutes au-dedans, des irruptions continentales au dehors; on a songé à tout, excepté au nécessaire.., qui était de faire preuve de nerf et de décision.

Pour repousser les fantômes dont l'aspect nous a paralysés, nous possédions deux moyens sûrs, ceux justement que le Pouvoir a négligés :

Témoigner vite, et par des actes, que l'on ne craignait pas la guerre; car ainsi l'on satisfaisait l'amour-propre national, on indiquait un futur emploi aux activités oisives, et, par là, on consolidait à l'intérieur la dynastie et les institutions présentes. — Diriger vers la Méditerranée, non vers le Rhin, presque tous les apprêts de cette guerre ; car on manifestait ainsi le désir de la circonscrire dans le rayon des territoires contestés, et, par là, on calmait les haines de l'extérieur, en ne montrant aucune intention d'allumer sans nécessité le grand incendie révolutionnaire, dont l'appréhension aurait pu seule entraîner la Sainte-Alliance à jouer contre nous son va-tout.

Eh bien, le sort de la France a voulu que personne n'entendît ainsi le rôle à lui donner; personne, pas même le chef du cabinet du 20 mars, qui, plus chatouilleux que d'autres sur l'honneur national, a néanmoins suivi leur exemple, et, ne prenant la question que sur le pied vulgaire et par en bas, comme on l'avait fait avant lui, n'a su changer la marche des choses par aucune de ces illuminations soudaines et supérieures qui renouvellent la face du monde. Moins pacifique, sans doute, que ses prédécesseurs, M. Thiers a pourtant faibli comme eux, — on pourrait dire PLUS QU'EUX, puisque les événements avaient grandi. — Et les généralités belliqueuses dans lesquelles il s'est jeté (trop peut-être, et surtout trop tard), ne pouvaient compenser sa fâcheuse inaction au moment décisif; ne pouvaient réparer son inconcevable laisser-aller de trois mois, entre le traité du 15 juillet et les hostilités de Beyrouth. Triste effet du manque de détermination et d'à-propos! tandis que nous restions les offensés et les dupes, on se récriait sur notre attitude de matamores. Faute d'avoir été hardis, nous avons eu l'air téméraires.

Que servait-il de présenter au Continent des préparatifs gigantesques, et de rester passifs sur la mer! A s'être cru en face de Pilnitz, on s'est trompé d'époque. La Sainte-Alliance, qui ne nous aime guère, se donnait, par forme d'essai, le petit plaisir de nous humilier, mais elle ne songeait point à nous envahir; et nous l'avons fort divertie par notre ardeur à nous porter au Nord, où rien ne nous attaquait, tandis qu'avec une grotesque patience nous recevions un affront au Midi. Au lieu de tant vociférer, chanter, supplier, menacer, parader, il ne fallait qu'*agir*. Paris avait un télégraphe.

Envoyer ordre à l'amiral Lalande de faire voile pour l'Egypte, d'y rallier à sa flotte les deux flottes du Vice-Roi, et d'aller porter sa croisière dans les eaux du Liban; avec injonction expresse de s'opposer à tous venants et de ne rien laisser passer d'hostile. Déclarer en même temps aux quatre puissances « que, jusqu'à nouveaux pourparlers, — et en attendant une modification de traité qui permît au peuple arabe de racheter auprès de la Porte, à des conditions qui seraient débattues, son indépendance nationale, — la France établissait, au profit du pouvoir existant de Méhémet en Syrie, un blocus de protection dont elle acceptait tous les risques. »

On pouvait s'en fier, du soin de faire respecter cette consigne, à nos marins, qui se mordaient les poings d'impatience de ne brûler de la poudre qu'en saluts, et à ceux du Levant, pleins d'ardeur aussi, dont notre présence et notre exemple eussent encore aiguillonné le zèle. En cas de lutte, ç'aurait été combat à mort : la question, si vaguement saisie en Europe, était là comprise avec netteté, sentie avec vivacité. Là, trois cents ans de consécration planaient sur l'alliance franco-musulmane, purgée enfin de l'égoïsme impie qui l'entachait sous François Ier, et désormais exempte de dangers pour la cause catholique. Au jour d'une grande bataille, — sorte de Lépante inverse, où le bon droit et l'héroïsme se fussent trouvés avec nos amis et nous, contre la Chrétienté désobéissante et faussée, — nul bâtiment de notre bord n'aurait descendu pavillon; tous auraient ou vaincu ou succombé à leur poste. On se fût fait couler ou sauter, avant que de laisser occuper aux envahisseurs de l'Asie un point quelconque de la côte; et, dans l'hypothèse de leur triomphe, ils eussent payé cher la gloriole de déposer sur cette plage sanglante quelques misérables survivants du combat.

Mais, en bonne foi, se figure-t-on que jamais les choses en seraient venues là? Non, ou c'est fort mal connaître les vues effectives de la Grande-Bretagne.

Tout n'est pas menteur, de sa part, dans les protestations de paix que nous adresse lord Palmerston. Elle veut bien nous primer toujours, nous contrarier quelquefois, nous amoindrir jusqu'à un certain point, — mais le temps est passé où elle voulait nous détruire. Quand ses vieux ressentiments, éteints, n'auraient pas cessé de l'y pousser (or, on a pu voir qu'ils sont morts, par l'accueil qu'elle fit naguère à Londres au maréchal Soult, et surtout par le renvoi volontaire du corps de Napoléon); quand, dis-je, les rancunes d'autrefois subsisteraient chez elle, au lieu d'y être effacées, — il suffirait de son propre intérêt pour lui parler en notre faveur. Sitôt qu'il ne s'agit plus pour nous de prééminence, mais d'existence, nous pouvons désormais compter sur l'Angleterre; car notre conservation importe à ses intérêts futurs. Toute passionnée, toute déraisonnable qu'elle vient de se montrer dans la question d'Orient, elle n'est pas aveugle au point de s'imaginer pouvoir vivre en accord permanent avec la Russie, son alliée d'aujourd'hui. Elle sait bien que, le jour de la grande rupture, elle sera heureuse de nous retrouver, et de nous retrouver debout.

Lors donc que l'expédition chargée de déposséder Méhémet-Ali nous aurait rencontrés pour barrière, vaillants, fermes et décidés, — prêts à dire « ON NE PASSE PAS », et à périr plutôt que d'en démordre; — lorsqu'on aurait vu que *c'était tout de bon*, et qu'il fallait, non plus seulement écarter, mais anéantir notre marine, — c'est-à-dire se faire de la France une ennemie sans retour, et s'obliger ainsi à la tuer, — soyez-en sûr, très-sûr, Monsieur, on y eût regardé à deux fois. Au branle-bas général de trente vaisseaux de ligne, commandés par un chef français et montés par des équipages électrisés; de trente vaisseaux résolus à livrer bataille à outrance, à clouer aux mâts leurs couleurs, pour ne pouvoir les amener, et, comme jadis le *Vengeur*, à ne répondre aux sommations que par des décharges, en s'obstinant à lancer du fer jusqu'à leur dernière bordée : ah! soit qu'on eût été en force, ou non, pour se flatter d'ensevelir sous les flots notre sublime résistance, — allez, allez, il n'y a pas d'amiral anglais qui, jetant les yeux sur l'avenir, et mesurant pour sa patrie les conséquences d'un tel succès, aussi dangereux qu'un revers.., eût osé prendre sur sa tête cette effroyable responsabilité. Il eût parlementé, c'est chose certaine; il eût dépêché un aviso, en demandant de nouveaux ordres d'attaque. — Et le cabinet de Saint-James ne les aurait pas donnés ; et le débarquement n'aurait pas pu se faire ; et, délivrés aisément, par un mot de nous, de l'émir rapace qui trahissait Méhémet-Ali tout en les vexant en son nom, les montagnards du Liban, accoutumés à notre voix, seraient rentrés dans l'ordre ; et des négociations auraient recommencé sur de meilleures bases ; et la réflexion, fille du temps, eût pénétré dans les conseils des rois ; et, comprenant enfin ce que réclamait le bon sens, ce qui convenait aux hommes et aux lieux, on eût consenti, moyennant des conditions de rachat plus ou moins sévères, à reconnaître le sultan des Arabes et son peuple. Alors, arbitres et pacificateurs du monde, nous nous serions reposés dans notre gloire : exempts du reproche d'ambition et n'ayant pas gagné un pouce de terre, mais ayant conquis, par une sagesse énergique, l'enthousiasme de nos amis et l'estime de nos adversaires. — Au lieu de quoi, tête basse et penauds, mystifiés d'une manière étrange ; assez imprudents pour nous être fâchés, assez vacillants pour n'avoir pas fait davantage.., nous voici devenus l'objet d'un sourire dédaigneux, qu'il faudra peut-être quinze ans pour effacer. Plus allégés de crédit et d'influence qu'après une bataille perdue, nous ne conservons pas même autant de considération qu'à l'époque du fatal traité de 1763. Car, dans la guerre de sept ans, nous avions disputé la victoire ; nous avions mis de la bravoure à la défense du Canada, nous avions su prendre Port-Mahon, et l'honneur du moins était sauf.

Chacun, à présent, voit le mal ; mais on se divise sur

la cause. Pourquoi, dit-on, sommes-nous tombés en pareille mésaventure ?

Est-ce pour n'avoir pas suivi l'avis de M. de Lamartine, quand il nous suggérait d'aller un beau matin, en pleine paix et d'avance, nous emparer de la Syrie ? — Eh ! point du tout. Quel motif, pourrait-on dire au député mâconnais, nous autorisait, s'il vous plaît, à usurper ce pays, et à commencer ainsi, nous, les plus anciens alliés de la Porte, le partage de son empire entre les puissances chrétiennes ? Singulière façon d'acquérir l'ascendant amiable et l'autorité de conseil, que de donner les premiers l'exemple du tort dont nous adressons le reproche aux autres ! — Ce guet-à-pens, d'ailleurs, ne nous aurait pas rendu en force ce qu'il nous eût fait perdre en dignité. Nous n'eussions fait par là que mettre le feu à la mine, hâter l'heure du grand conflit, et, dans la guerre générale, donner raison à tout le monde contre nous.

Est-ce pour avoir restitué Ancône ? — Nullement ; et certes il y a lieu de s'étonner que ce devoir rempli nous soit imputé à blâme par des hommes d'un cœur élevé, par des zélateurs même de la Religion. Loin d'avoir failli en ceci, le Gouvernement s'est honoré. Il ne pouvait trop tôt réparer sa violence inique envers le Pape ; car la prise d'Ancône, pareille aux actes qui attirèrent sur les Astolphe et les Didier la généreuse vengeance de nos rois carlovingiens, était tout uniment *un vol*, un vol à la fois lâche et sacrilége. — Et quand même le Pouvoir français se fût obstiné à garder cette richesse illégitime, de quel secours lui en aurait été la possession, d'après la marche que les événements ont suivie ? Contre la connivence anglo-russe en Turquie, Ancône n'offrait aucun avantage, sinon peut-être comme point de station maritime plus voisin que Toulon du théâtre de la guerre. Or notre flotte était mouillée dans des parages bien plus favorables encore, bien plus rapprochés du Levant; et cependant on n'a rien fait d'elle.

L'échec que nous avons subi, Monsieur, j'ai montré d'où il provenait; et l'on n'a que faire d'y chercher, humainement parlant, d'autres causes. Il tient à ce qu'on n'a su en France, ni découvrir le nœud gordien de l'affaire, ni le trancher. Heureuse une nation quand elle possède des hommes d'État, de qui le double talent soit de *comprendre* d'abord, d'*oser* ensuite. Avec l'intelligence et la volonté, on domine le genre humain.

Ces deux sceptres, qu'a portés si souvent notre belle et noble patrie, Dieu nous les refuse à présent. Résignons-nous, il a ses vues.

Nous souhaitions protéger la vieillesse du Mahométisme, lui préparer un doux lit de mort, présider à sa transformation : plan raisonnable, — mais d'une prudence trop humaine, à ce qu'il paraît. — Le Mahométisme, probablement, est destiné à se décomposer plus vîte, à périr plus tôt qu'on ne pensait, puisque les combinaisons naturelles les seules favorables à son repos intérieur, les seules bonnes pour son dernier âge, échouent, et sont remplacées par des arrangements pitoyables, qui feraient hausser les épaules s'ils ne devaient avoir un autre avantage : celui de hâter sa ruine.

Régénérer à fond l'Orient, convenons-en quoiqu'à regret, est une tâche magnifique, pour laquelle les Français ne sont pas suffisamment régénérés eux-mêmes, et qui demande plus de foi que nous n'en n'avons gardé ou reconquis. Si le Ciel nous la confiait maintenant, nous en abuserions encore, en y mêlant de vieilles idées niaisement philosophiques. Laissez grandir l'élite de la génération qui vient, de la génération pure, vigoureuse et croyante! d'ici là, nos rivaux insulaires, qui, malgré l'erreur de leur dogme, ont conservé des habitudes de langage plus religieuses que les nôtres, et parlent bien plus hardiment, devant les hommes, de *salut*, de *grâce* et d'*éternité*, demeurent moins indignes que nous d'entamer ce rôle important.— Sans parler ici des espérances de la Vérité complète, qui a déjà repris un pied parmi eux.., il ne s'agit guère, jusqu'à présent, en Asie, que de dissoudre, d'abattre et de déblayer; or l'Hérésie est bonne pour cela. Rapprocher les nations par un lien quelconque, plus matériel d'abord que moral, cependant assez grave dès son origine; briser, par le cosmopolisme, toutes les répulsions locales qui s'opposaient encore chez les masses à la prédication des doctrines de Jésus-Christ; faire pénétrer partout les livres saints, dont les catholiques arriveront un jour expliquer le sens; jeter à profusion cette semence, à laquelle plus tard, par la culture et les soins des ouvriers successeurs de Pierre et dépositaires de la promesse, le divin Jardinier daignera donner l'accroissement: telle paraît être la mission actuelle de l'Angleterre; — mission qu'elle remplit *sans s'en douter,* comme il arrive souvent; qu'elle va notamment remplir à la Chine, dans un but de cupidité scandaleuse, mais au profit ultérieur des apôtres orthodoxes, qui n'auront pas à s'en reprocher l'injustice; mission, par conséquent, dont nous aurions tort de rester longtemps affligés, pour peu que respire en nous le zèle du vrai, l'amour du prochain, le sincère désir de l'avénement du royaume de Dieu.

Même au point de vue terrestre, et comme loyal patriote (en ceci j'ai le bonheur de me rencontrer avec M. de Montalembert), je ne crois point que le remède aux embarras et aux mécomptes actuels de la France, soit pour elle d'aller se jeter entre les bras de la Russie. Il ne manque pas de journalistes, — ou peu réfléchis, ou passionnés, ou soldés, — pour nous indiquer cette route, qui, en effet, semble à la fois avantageuse et facile, et que Pétersbourg, avec son habileté suprême, fera tout pour nous applanir. Aisément, nous le comprenons, l'indignation du pays le porterait à donner dans ce piége; mais, quelque désobligeante, quelque piquante qu'ait pu être, dans ces derniers temps, à notre égard, la dissimulation britannique, — tenons-nous en défiance contre une astuce plus froide encore et plus profonde. La colère conseille mal : gardons que le triste plaisir de tirer satisfaction d'un mauvais procédé, ne nous fasse commettre la funeste imprudence du *Cheval voulant se venger du cerf* (*). La position n'est guère flatteuse, je l'avoue; toutefois n'allons pas, pour obtenir un faible allégement au présent, compromettre notre avenir. — Dussions-nous même, victimes certaines, ne pouvoir tôt ou tard échapper aux embrassements du Colosse, à ses étreintes mortifères.., sauvons-nous du moins le remords d'avoir avancé, ne fût-ce que d'un jour, le terme honteux et fatal de l'indépendance française.

Que s'il fallait parler, sur ce chapitre, non plus au nom

(*) Voir La Fontaine, livre IV, fable 13.

de la simple politique, mais de l'humanité, mais de la religion, — ma protestation ici serait d'une bien autre énergie. Ah! Monsieur, en dépit des torts dont l'Angleterre s'est rendue coupable envers nous, jamais l'exaspération du sentiment national ne me fera fermer les yeux à la vérité, ni comparer à une puissance, égoïste encore, sans doute, mais éclairée, tolérante, après tout, et qui ne persécute plus personne, une puissance systématiquement barbare, obscurantiste et fanatique à froid. Ma main se sécherait plutôt que de ranger sur la même ligne, d'une part, le pouvoir de Victoria, qui laisse la pensée se produire et ronger la rouille anglicane; qui relâche peu à peu les fers de l'Irlande; qui sait négocier avec le Saint-Siége, et dont les vaisseaux commencent à transporter à Calcutta ou à la Nouvelle-Galles les vénérables missionnaires romains : d'une autre part, le pouvoir de ce monarque du Nord sous qui l'on vient, l'année dernière encore, sans aucun prétexte fourni par la révolte ou par la guerre, d'employer tout ensemble les moyens vils et les moyens cruels, pour faire entrer dans l'idolâtre église dont il est le *quasi dieu*, trois millions de nos frères! — usant pour cela de mensonge avec les ignorants, de flatterie avec les dupes, de terreur avec les faibles, de salaire avec les Judas; ne rougissant ni d'acheter parmi les prélats quelques traitres, pour donner le signal de la désertion; ni de soumettre à tous les genres de contrainte ceux qui se refusent à les suivre; ni d'empêcher, de près par la menace et de loin par la corruption, que le gémissement des fidèles ne soit connu; ni, lorsque des victimes plus courageuses, persévèrent à faire monter au ciel les clameurs d'une conscience dont l'énergie fatigue le Despotisme.., de punir leurs cris catholiques, en leur faisant sillonner le corps à coups de fouets ou briser les dents à coups de bâton (7).

—Mais quoi ! vont murmurer les tièdes ; si la Russie vaut encore moins que l'Angleterre, d'où nous viendra donc le salut? — Pauvres gens..! Ainsi, vous l'attendiez de l'une ou de l'autre! vous le cherchiez au dehors et sur la terre! Ainsi, vous aviez oublié que tout appui fourni par l'homme « est un roseau sec, dont la tige se rompt au moment du besoin, et perce la main qui s'y fiait »! Ah! pour ne point risquer ici-bas d'être déçu dans son attente, il faut, et l'expérience le prouve, n'avoir compté que sur Dieu et sur soi.

A nous rappeler cela, Monsieur, nous retrouverons une mâle attitude; car nous aurons appris, alors, « à lever les yeux vers les hauteurs, uniques sources des secours (*).» Ainsi faisaient nos fiers aïeux, fondateurs d'une monarchie *organisée par des évêques* (**), la première et la plus solide de celles qui sortirent des débris du monde romain ; nos aïeux, à qui leurs grands et durables succès vinrent de la vérité de la doctrine qu'ils épousèrent ; nos aïeux, dont l'épée fut pendant mille ans au service de la loi divine, et dont les trois premières guerres, qui leur valurent l'empire des Gaules depuis le Rhin jusqu'aux Pyrennées, avaient été trois grands actes de foi (***). — Sans abjurer nos modernes lumières, conquêtes belles

(*) Psaume 120, verset premier.

(**) Expression de Gibbon, souvent citée.

(***) La guerre de Tolbiac, contre les Allemands païens; celle d'Outre-Loire, et du Sud-Est, contre les Visigoths et les Bourguignons, ariens les uns et les autres.

quoiqu'un peu creuses, replaçons-nous comme eux à la tête d'une croyance vivace et vraie, et bientôt nous aurons repris l'ascendant que nos doutes nous ont fait perdre. En acceptant une leçon sévère, en la méditant avec fruit, nous sommes maîtres de rehausser notre dignité par l'abaissement de notre vanité, et de puiser dans l'étude de nos faiblesses la rénovation de notre force. A quelques dures épreuves que la Providence mette un pays, peut-il se décourager, quand il a le dieu de Clovis et quand il s'appelle la France!

France, notre chère patrie! rien n'est irréparable si tu le veux; mais ce ne sont pas des abstractions, des spéculations et des phrases, qui te rendront de la vigueur. Ce ne sont pas non plus des batailles, quant à présent : le moment propice en a fui, elles tourneraient contre toi. Et puis, les victoires même, sans une conviction plus-qu'humaine et sans les mœurs qui en découlent, ne sont que des météores, éblouissants mais passagers. Quel chef de guerre espères-tu jamais avoir, plus brillant que ce Napoléon, dont la pompe funèbre t'enivre, et, pour un instant, te console de tes misères? Aucun, sans doute; et cependant, de ses conquêtes, pas la moindre parcelle ne t'est restée. Invincible, malgré ses torts, tant qu'il favorisa la Papauté, il déclina, sans torts nouveaux, dès qu'il se mit à la combattre; car Dieu, qui l'avait fait servir d'agent au rétablissement de sa sainte Église, lui retira la force, à mesure qu'il devenait assez aveugle pour en user contre elle. Se heurtant à cette chaire de Céphas, qu'il semblait avoir relevée, et qu'il crut pouvoir renverser de même, faute d'en avoir compris l'intrinsèque et perpétuelle stabilité.., il sentit là se briser sa verge de commandement, à laquelle n'avaient pu résister ni les rois ni les républicains.

Arrière donc ou les essais timides ou les exagérations fébriles ! France, il est temps d'en venir à l'œuvre, de s'y appliquer avec constance; l'édifice de ta vieille grandeur est à reconstruire par sa base. Or, « si le Seigneur ne bâtit la maison, bien vainement s'épuisent à la peine ceux qui prétendent l'élever (*); » jamais ils ne dresseront qu'une Babel. Ta renaissance religieuse et sociale peut seule préparer ton réveil politique. — Que la piété, la probité, la chaste pudeur, reviennent s'asseoir aux foyers de ton peuple, et présider aux labeurs de ses ateliers. Qu'à la place de folles journées de débauche, soit observé le saint repos pendant lequel, une fois par semaine, l'homme se courbe pour se relever, et, devenu le serviteur de Dieu, n'est plus l'esclave de personne. Que, cessant d'interdire, par une *sagesse* absurde et violente, le plus respectable emploi du libre-arbitre, on laisse franchement s'ouvrir des asiles nombreux, pour les âmes qui veulent pratiquer les trois conseils de l'Évangile. Que les chauds et lumineux enseignements qui sont sortis, au profit de la Foi, du sein des études nouvelles, puissent étendre partout leurs bienfaits, sans être arrêtés par un vieux monopole sceptico-janséniste, et pénètrent enfin dans l'éducation par la porte de la liberté. — Qu'ainsi tes enfants, mieux instruits, détrompés de tout préjugé, calmes, moralisés, agrandis, se rapprochent,

(*) Psaume 126, verset premier.

se réconcilient, se pardonnent leurs torts réciproques. Que, désormais équitables envers toutes personnes et toutes choses, ils sachent à la fois honorer le passé, accepter le présent, et ne point calomnier l'avenir. — S'ils entrent dans de telles voies et s'ils les suivent, ils auront mérité de redevenir les instruments de la Toute-Puissance. Ton rôle alors, parmi les nations, ton rôle, ô France, ne sera pas fini.

NOTES.

NOTE 1, PAGE 14.

Sur l'alphabet arabe mograbin.

Dans nos langues européennes, il n'y a qu'une seule lettre (la voyelle *i*) qui ait besoin, pour être reconnue, du secours d'un point ; mais, parmi les consonnes arabes, il y en a vingt-deux dont la valeur est problématique, c'est-à-dire qui diffèrent totalement de prononciation, selon qu'elles portent ou ne portent pas tels ou tels points diacritiques. Or l'alphabet africain intervertit pour le *fa* et pour le *kaf*, ces points essentiels ; il en change aussi la position pour le *dha*, dont il altère d'ailleurs la forme ; etc.

NOTE 2, PAGE 17.

Sur le despotisme des réformateurs.

Il y a lieu de s'étonner de la rigueur qu'apporte, dans l'appréciation du rôle du fameux vice-roi des Arabies, non pas un jeune Pair catholique, à qui ses doctrines pures donnent le droit d'être sévère, mais un certain public mondain, dont la morale n'a pas d'ordinaire une pareille austérité. Méhémet-Ali, qui a rajeuni les Arabes après avoir détruit les mamelouks, comme Pierre-le-Grand les Russes après avoir abbattu les strélitz, et comme Mahmoud les Turcs après avoir brisé les janissaires, devrait être jugé du même point de vue que ces deux réformateurs.

Encore y a-t-il entre eux et lui, à son avantage, disparité sur un point capital, qui lui fait un extrême honneur. C'est qu'en renouvelant les *institutions*, il a ménagé les *coutumes ;* laissant à la douce puissance du temps à changer les habitudes, et à les mettre par degrés en rapport avec les principes introduits. On ne l'a pas vu, comme l'un, ordonner sous peine de mort la coupe de la barbe, ou, comme l'autre, imposer durement à ses sujets, l'abandon du turban.

Condamnées à de grands sacrifices sous un tel souverain, les populations, du moins, ont toujours eu facilité de se les expliquer par l'intérêt général, et non par le *bon plaisir* du Maître. Dès lors, tout affligées ou ruinées qu'elles ont pu être, elles n'ont frémi d'aucune indignation ; et là surtout se montre bien l'immense supériorité d'un homme qui, sage autant que hardi, et connaissant les fibres qu'il ne faut pas blesser, trouve moyen de passer pour le plus fidèle conservateur de l'Islamisme, auquel il a porté les premiers coups. Despotique sans doute, mais non pas fantasque, il a eu l'art de demander aux Arabes d'Égypte leur dernier soldat et leur dernier écu, sans les réduire au désespoir. Car les nations peuvent tout supporter, hormis l'humiliation ; ce qui désole, dans la tyrannie, ce n'est pas tant l'exigence que le caprice. Le caprice! défaut naturel des princes réformateurs, et dont on ne citerait peut-être parmi eux, depuis César, comme ayant su se montrer tout à fait exempts, que trois personnages historiques : Alfred-le-Grand, Louis IX et Méhémet-Ali.

NOTE 3, PAGE 22.

Sur les titres qu'auraient pris Abdou'l Medjid et Méhémet-Ali.

Dans le choix des dénominations à prendre par les possesseurs des deux trônes, si l'orgueil ottoman, non content de l'arrangement honorifique que nous indiquons, eût insisté pour que la différence de rang des monarques se trouvât marquée en arabe même (le terme de *padicha* n'étant qu'une ressource empruntée au persan), — on pouvait satisfaire encore cette délicatesse ombrageuse. Le souverain des Turcs se fût alors réservé la dignité de *sultan* (mot à mot, domination, autorité, puissance) ; et celui des Arabes aurait reçu le titre de *malek*, un peu modeste dans cette langue, mais qui pourtant y signifie roi.

NOTE 4, PAGE 22.

Sur les trois peuples musulmans.

Que ces trois grandes nations, les Turcs, les Arabes et les Persans, soient profondément naturelles, c'est-à-dire distinctes par essence, il serait oiseux de le montrer à quiconque a fait sur l'Orient les moindres études. Disons seulement ici, pour les lecteurs à qui la linguistique serait complétement étrangère, que les langues de ces peuples *n'ont pas entre elles le plus léger rapport.*

Des emprunts, en effet, fussent-ils même accompagnés d'altération, n'établissent aucune ombre de parenté. En francais, *vasistas* ou *bifteck*, malgré le changement de leur orthographe, n'ont pas cessé d'être, le premier, un mot allemand, et le second, un mot anglais. Or, il en est de même, et mieux encore, chez les Persans, les Turcs et les Arabes, dont les trois vocabulaires primitifs, ainsi que les trois systèmes grammaticaux, diffèrent radicalement, constitutivement, et d'une manière absolue, qui ne laisse entre eux rien de commun. Du moins l'allemand et le francais sont-ils consanguins dans leur passé, et dépendent-ils d'une même classe d'idiomes, par la fraternité du zend et du sanskrit, leurs troncs originaires; mais nulle analogie ne rapproche l'une de l'autre les langues du triangle musulman. L'arabe appartient à la souche sémitique; le turc, au groupe tartare; le persan, à la famille indo-européenne.

NOTE 5, PAGE 27.

Sur les prétendus torts du consul de France à Damas.

Ce que nous disons d'un « complot de sensiblerie dont les badauds ont été dupes, » n'a pas besoin d'explications pour les lecteurs de l'*Univers*, journal qui, résistant, lui, à l'illusion produite par les clameurs et les écus, a tranquillement publié, au sujet de la culpabilité des Juifs de Damas, les preuves décisives, qu'ailleurs on a, sans rougir, écourtées ou même fait disparaître; osant ainsi rendre cruel et ridicule le rôle du consulat français, dont les démarches ne semblent plus avoir de cause. — L'*Univers*, presque seul, avait fait sentir, dès l'origine, à quelles manœuvres, moitié pécuniaires, moitié diplomatiques, était dû ce hôura général de philanthropie : seul, il a dévoilé jusqu'au bout ce véritable *coup monté*.., drame larmoyant préparé à froid en Orient par les cœurs du monde les plus secs, dans le dessein, devenu bien visible aujourd'hui, d'y nuire à la France et d'y atténuer notre crédit moral.

Quelque puissants et nombreux qu'aient été les moyens employés dans l'affaire de Damas pour empêcher la vérité de se répandre, il est désormais avéré pour les gens qui ont pris la peine d'étudier, et il sera plus tard généralement connu :

Qu'en gros, et sauf les erreurs de détail qui peuvent être échappées à l'insuffisance humaine, l'accusation avait frappé juste, et que la culpabilité des prévenus, telle qu'elle résulte des enquêtes, n'avait été, pendant longtemps, *douteuse pour personne ;* pas même pour ceux qui ont eu la faiblesse de travailler depuis à l'effacer, mais qui, heureusement, ont laissé des preuves écrites de la conviction contraire que produisait sur eux l'évidence encore récente (1).

Que les premiers essais tentés pour rendre problématique une chose si claire, sont venus du dehors, et ont été le résultat des suggestions d'une Alliance, alors cachée mais déjà très-active, qui voulait préluder à l'abaissement de la France par la déconsidération de nos agents diplomatiques. Qu'on y a travaillé surtout par les conseils d'une certaine puissance qui, voyant le protectorat des catholiques entre les mains de la France et celui des schismatiques entre les mains de la Russie, avait résolu de se créer aussi dans le Levant un patronage quelconque, et a saisi la première occasion venue de s'arroger celui des juifs, secte religieuse dans laquelle elle affecte de choisir presque tous ses agents.

Que tel est le mot de l'intrigue savamment ourdie contre M. de Ratti-Menton et son chancelier M. Beaudin : intrigue dont la réussite était facile, grâce à l'accord naturel d'une foule de consuls *tous nés juifs*, dont le principal (celui d'Autriche à Alep) est non-seulement l'*oncle propre* de l'un des coupables, mais le chef et le *supérieur direct* de ce M. Merlato dont le factum élégiaque a fait tant de bruit; — grâce d'ailleurs à l'active sympathie, aux démarches, aux plaidoyers, aux dépenses... du corps nombreux des Israëlites, que l'on a vus, en cette occasion, agir simultanément comme un seul

(1) D'autres adversaires du consul de France laissent voir une contradiction encore plus probante, en ce que les lettres où ils reconnaissent la culpabilité des juifs de Damas sont postérieures à celle que l'on citait d'eux en faveur de la Synagogue. (Voir les pièces signées *Kilbee* et *Laurella*, dans l'*Univers* du 18 juillet 1840.)

homme, dans les trois parties du monde, avec un incroyable zèle : zèle qui chez la plupart d'entre eux provenait de la bonne foi, et par conséquent leur fait honneur, bien qu'il se trouve avoir propagé une opinion erronée, nuisible surtout à la France.

Que les formes arriérées et dures de la procédure criminelle restée admise en Orient, sont une chose fâcheuse et triste sans doute, — la première même dont il faille s'occuper, parmi les améliorations législatives non encore opérées en Turquie, — mais une chose étrangère à la certitude du crime mal à propos contesté, et du devoir qu'il y avait, pour le représentant de notre patrie, à réclamer des enquêtes actives, dont la nécessité existait, et dont la direction, d'ailleurs, n'a pas été si mauvaise qu'on le dit.

Car, si les résultats de la *question* judiciaire (telle qu'on l'employait jadis partout, telle qu'elle n'a cessé en Europe que depuis cinquante ans); si ces résultats, dis-je, sont à eux seuls un pauvre élément de conviction : du moins ne détruisent-ils nullement la force des autres preuves auxquelles ils se trouvent mêlés. Quand, par exemple, les aveux qu'on en tire signalent des faits ignorés, précis, minutieux, impossibles à imaginer par hasard.., et quand les recherches dont ces aveux sont l'origine, viennent à les confirmer mot pour mot, de telle manière qu'il soit loisible à chacun de s'en assurer *de visu :* — alors, malgré toute la rhétorique des déclamateurs, les tribunaux auront raison de juger que le questionné connaissait bien l'affaire et que ses déclarations ont un grand poids. Et la circonstance de violence, sur laquelle on fait des phrases pour détourner l'attention, n'empêchera point cette conclusion d'être bonne et légitime ; car, si digne de rejet que puisse être en elle-même la torture légale, elle ne donne pas aux témoins le don de la divination, elle ne les rend pas magiciens.

Or c'est l'un des interrogés, comme on sait, qui, en révélant toutes les particularités du crime, avait indiqué le lieu où les assassins étaient allés jeter les restes de leur victime ; et la justice, en s'y transportant, y a réellement trouvé les débris du corps du père Thomas et les lambeaux de ses vêtements : débris et lambeaux reconnaissables, de l'aveu de vingt témoins compétents, — DE L'AVEU DE M. MERLATO LUI-MÊME, avant qu'il n'eût été recordé pour changer d'avis (1).

Quant au système tardif qui voudrait, à l'aide de certificats mendiés, métamorphoser en indices douteux, en *carcasses de chien peut-être, enveloppées*

(1) Voir sa déclaration positive du 3 mars (*Univers* du 8 juillet 1840).

de guenilles par hasard, des ossements déclarés HUMAINS par les plus graves médecins, tant européens que musulmans, — l'invention peut bien être ingénieuse; mais elle pèche par quelque petites invraisemblances, que tout l'esprit de la Sainte-Alliance n'a pas su faire disparaître. Les chiens, en effet, sont peu dans l'usage d'avoir des cheveux au lieu de poil, et de porter sur la peau du crâne *la tonsure ecclésiastique* (1). On ne lit nulle part, non plus, que la coutume de ces animaux, en Syrie, soit de se coëffer de la *calotte noire* de nos prêtres, ni de la choisir avec ce *bord rougeâtre* qui caractérisait en particulier celle du père Thomas, populairement connue de tout Damas (2).

NOTE 6, PAGE 32.

Sur l'incompréhension universelle qui s'est manifestée quant au parti à prendre.

S'il y avait exception au manque général de hardiesse et d'imaginative dont Dieu nous a frappés dans cette affaire, ce serait peut-être pour M. de Carné, mais qui n'était chargé de rien, et qui d'ailleurs, tout en parlant de faire du principe alexandrin une barrière fixe entre les deux portions de la puissance anglaise, ne s'était pas lui-même servi de termes explicites sur la souveraineté nationale des Arabes.

N. B. Ces lignes, auxquelles nous ne changeons rien, étaient écrites dès la mi-décembre; et voici que le nouvel écrit de M. de Carné justifie notre opinion sur la largeur et la fermeté des vues de cet homme politique; car il ose y dire, comme nous, qu'on devait, sans hésitation, envoyer la flotte française couvrir Saint-Jean-d'Acre.

NOTE 7, PAGE 43.

Sur les dernières infamies commises contre les catholiques en Russie.

Telle est l'histoire, toute récente, de la *schismatisation* des Grecs-Unis (c'est-à-dire des catholiques du rit grec, réconciliés avec la vérité lors du

(1) Lettre de Damas du 4 mars (*Univers* du 10 mai).

(2) Déclaration de M. Merlato du 3 mars, et du barbier Youssef du 8 moharram (*Univers* du 8 juillet) etc. — Et généralement, sur cette affaire, consulter le journal cité, lequel seul l'a traitée *in extenso*. Numéros des 8, 10 et 31 mai; des 4, 5, 6, 7 et 12 juin; des 3, 5, 8 et 18 juillet 1840.

concile de Florence, et ralliés depuis quatre cents ans à la Chaire centrale romaine.) Ces gentillesses viennent d'avoir lieu à la face du monde : et presque personne ne s'en est ému ! et des milliers de gens, prétendus instruits, les ignorent !!!

Mais quels journaux, en effet, auraient pris soin de les raconter, de les commenter, de les vouer à l'exécration ? — Ceux de la Gauche ? — Des prêtres et des *dévots* qui souffrent, sont si peu de chose à leurs yeux! — Ceux du Centre? — Il y aurait eu là de quoi déranger l'optimisme et la quiétude où ils aiment à s'endormir. — Ceux de la Droite, au moins ? — Hélas..! De tels faits s'accordaient trop peu, par malheur, avec les théories qu'ils soutiennent et les alliances qu'ils adoptent.

Quand voudra-t-on enfin, sans flatter ni craindre personne, s'imposer la règle, quelque opinion que l'on ait, de raconter au moins les événements comme ils se passent ? de dire la vérité, toute la vérité, rien que la vérité ? — Hélas, il ne faut espérer cela des journaux d'aucun parti.., sinon de ceux du parti de Dieu. On peut avoir beaucoup de point-d'honneur, et n'être pourtant pas véridique. La candeur, la sincérité, la bonne foi équitable et constante, ne doivent être cherchées que chez les âmes entièrement croyantes, qui placent avant toutes choses Dieu et sa loi; qui appellent naïvement le mensonge un *péché*, et qui, selon l'expression des livres saints, « reculent devant l'ombre d'un péché comme devant une couleuvre ».

www.ingramcontent.com/pod-product-compliance
Lightning Source LLC
LaVergne TN
LVHW010056230826
846091LV00005B/1949
* 9 7 8 2 0 1 1 7 7 7 6 6 9 *